POURQUOI

L'Union Chrétienne

DEMANDE-T-ELLE

UN BATIMENT ?

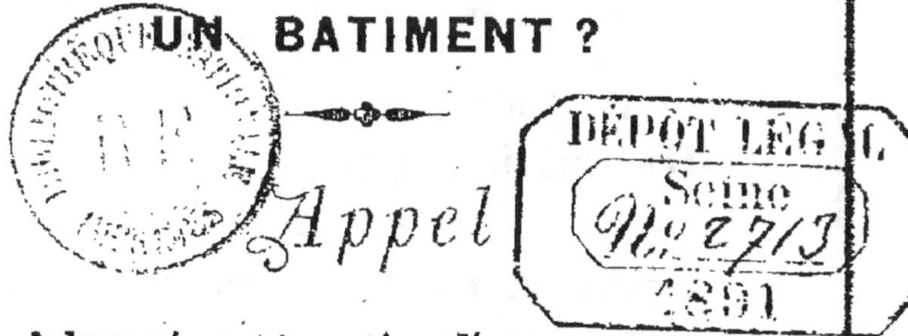

Appel

Adressé aux amis d'une œuvre

pour les jeunes gens de Paris

PAR

Emmanuel Sautter

MEMBRE DU COMITÉ DIRECTEUR

4, Faubourg Montmartre - Paris

POURQUOI

L'Union Chrétienne

DEMANDE-T-ELLE

UN BATIMENT ?

Appel

Adressé aux amis d'une œuvre

pour les jeunes gens de Paris

PAR

Emmanuel Sautter

MEMBRE DU COMITÉ DIRECTEUR

4, Faubourg Montmartre – Paris

Pourquoi

l'Union chrétienne

demande-t-elle

un bâtiment ?

1º *L'Union Chrétienne a besoin d'un bâtiment pour se développer.*

Nous croyons à l'avenir de l'œuvre de l'Union Chrétienne.

Nous constatons qu'elle s'est considérablement développée depuis deux ans et qu'il ne lui a fallu pour cela que des moyens d'action suffisants.

— Nous avons la certitude qu'elle n'a pas

atteint sa pleine croissance et que la possession d'un immeuble répondant à ses besoins, est, à l'heure actuelle, le progrès qu'elle doit réaliser.

— Dans une œuvre chrétienne, comme dans presque tout ici-bas, l'accroissement est normal, le statu quo est la marque du dépérissement, et une expérience de vingt ans a montré, en Amérique, que pour une Union Chrétienne progresser, c'est posséder son immeuble.

— Les différentes affirmations qui précèdent seront peut-être contestées en France ; nous savons qu'il est difficile de convaincre les protestants de notre pays de la grandeur de l'œuvre qui nous occupe.

— L'attention s'est presque exclusivement portée sur les enfants et sur les adultes, et on a laissé de côté les jeunes gens de 15 à 25 ans, probablement parce qu'on ne savait comment s'y prendre pour avoir sur eux une influence chrétienne. Cette lacune, l'Union Chrétienne veut la combler. Quelle immense importance pourrait avoir pour notre pays une œuvre qui compterait comme adhérents des milliers de jeunes gens, gardant au milieu d'eux, comme un dépôt sacré, la doctrine et les pratiques chrétiennes qui leur ont été inculquées, et exerçant autour d'eux, sur les jeunes gens indifférents et entraînés au mal, l'influence que ne peuvent souvent avoir ni les pasteurs, ni même les parents.

2° Seul un bâtiment permet de réaliser le programme complet d'une œuvre parmi les jeunes gens.

Il faut que, par les attraits qu'elle offrira, l'Union Chrétienne soit à même de rivaliser avec les nombreux lieux de plaisir qui l'environnent de toutes parts. Il faut que son local soit assez confortable pour forcer le jeune homme isolé et sans famille, qui ne trouve pour passer sa soirée qu'un mauvais théâtre ou un café-concert, à s'arrêter, à entrer, à trouver là mieux qu'ailleurs la satisfaction de ses besoins intellectuels et matériels. Le fait d'avoir pu louer un spacieux local bien distribué, au premier étage, a été un pas énorme en avant; maintenant ce local même est trop petit pour le nombre des jeunes gens qui y viennent et dont la moyenne journalière a plus que doublé dans l'espace de 18 mois. En outre, un simple appartement, quelque bien aménagé qu'il soit, ne peut offrir au jeune homme tout ce qu'il désire.

Dans une occasion récente on a dit que l'Union Chrétienne devait connaître de **tout** ce qui intéresse le jeune homme.

Eh bien! ce qu'un jeune homme doit pouvoir trouver à l'Union Chrétienne et ce qu'un bâtiment seul peut lui offrir, c'est un gymnase, par exemple, vaste, bien installé, et qui permettra de réaliser un point du programme : le développement physique de la jeunesse, sans les dangers et les inconvénients auxquels l'expose la fréquentation des Sociétés de gymnastique.

C'est ensuite un restaurant où le jeune homme trouvera une nourriture saine, abondante et économique, sans les contacts grossiers ou impurs du restaurant à bon marché. C'est encore une chambre à coucher qui lui offrira un abri sûr contre les terribles tentations qui viennent l'assaillir, quand, parcourant le soir les rues de Paris, il regagne sa chambre peu confortable au cinquième étage d'une maison souvent mal famée.

3º L'érection d'un bâtiment intéresse d'une façon générale le Protestantisme à Paris.

Cet argument est adressé à ceux de nos lecteurs qui ne sont pas au courant du développement actuel de l'Union Chrétienne et qui ne sont pas convaincus comme nous de la grande importance qu'elle est susceptible d'acquérir dans l'avenir. N'y aurait-il pas une importance capitale à la construction au centre de Paris d'un édifice dont le hall et les nombreuses salles de réunion pourraient servir de rendez-vous aux Protestants qui s'intéressent au développement moral et religieux de la France? Déjà dans nos salles du faubourg Montmartre nous avons été heureux de pouvoir offrir l'hospitalité pendant quelques heures chaque jour aux membres du Congrès Evangélique qui s'est réuni à Paris cet automne, et cela, sans porter préjudice au bon fonctionnement de l'Union.

Ne croyez-vous pas qu'un immeuble pourvu d'un hall spacieux permettra d'offrir cette hospitalité d'une manière encore beaucoup plus large? N'êtes-vous pas d'avis comme nous que la construction projetée comblera, en partie, une lacune dont souffre le Protestantisme a Paris?

4° Nous poursuivons **maintenant** *la réalisation de ce projet, parce que l'occasion s'en présente.*

Depuis plusieurs années déjà cette question a été agitée. Si, à l'heure actuelle, nous nous mettons sérieusement à l'œuvre, si nous appelons aussi ouvertement l'attention du public sur l'objet qui nous occupe, c'est pour deux raisons :

1° Parce que l'Union Chrétienne a maintenant fait ses preuves et que son développement pendant ces deux dernières années est une garantie de son développement futur et par conséquent de l'utilité qu'il y a pour elle de posséder son immeuble.

2° Parce que nous avons, à l'heure où paraissent ces lignes, l'assurance d'une première mise de fonds de plus de 500.000 fr., soit près des 2/3 du capital nécessaire à l'entreprise.

On connaît l'aide puissant qu'apportent à l'œuvre qui nous occupe nos amis américains. L'un d'entre eux, M. J. Stokes, dont les jeunes gens de Paris béniront un jour le nom comme celui de leur bienfaiteur, a déjà fait pour l'Union Chrétienne des sacrifices considérables. Lui et sa famille promettent dès maintenant sans condition la somme de 60.000 dollars (310.000 fr.) pour la construction du bâtiment, et nous espérons que, si la somme de 400.000 fr. est trouvée à Paris, les Américains contribueront pour une somme égale.

Que dire de cette incroyable générosité de la part d'un étranger, sinon qu'il y a là une

occasion unique et un véritable devoir? Il serait
infiniment regrettable qu'une coupable indiffé-
rence fît perdre ces 400.000 fr. destinés à l'é-
vangélisation de la jeunesse, c'est-à-dire des
hommes de demain.

Au reste, hâtons-nous de dire que ce devoir
a bien été compris. A l'offre du généreux Amé-
ricain, sept Français ont déjà répondu en ga-
rantissant une somme de plus de 200.000 fr.
En outre, les membres de l'Union Chrétienne
ont souscrit entre eux la somme de 15.000 fr.
pour leur bâtiment.

Grâce à cette somme de plus de 530.000 fr.,
dores et déjà assurée, la société anonyme qui
devra être propriétaire de l'Immeuble (puis-
que l'Union Chrétienne ne peut elle-même
posséder) va pouvoir être constituée. Les sta-
tuts ont été rédigés sous la direction de M. A.
André, qui a signé l'Acte de Société au nom
des Français et conjointement avec M. Cree,
représentant de M. Stokes, et avec M. Buscar-
let, président de l'Union Chrétienne. Déjà
même, des terrains ou des immeubles, pouvant

être appropriés, ont été visités, et peut-être qu'à l'heure où paraîtront ces lignes, le sol sur lequel s'élèvera l'hôtel de l'Union Chrétienne sera-t-il acheté.

Et maintenant, amis de l'Union Chrétienne, aidez-nous, et apportez chacun votre pierre grande et petite au bâtiment.

Dites-vous bien qu'à chaque billet de 100 fr. que vous donnerez viendra s'ajouter aux États-Unis, une pièce de 20 dollars, de telle sorte que votre offrande quelle qu'elle soit sera toujours doublée.

Cet appel nous vous l'adressons aussi, **à vous parents qui, habitant au loin**, soit en province soit à l'étranger, envoyez vos fils à Paris pour y étudier ou pour y gagner leur vie. Combien d'entre vous, en voyant partir leur enfant, ne se sont demandé avec angoisse comment il résisterait à toutes les séductions et à toutes les infamies de la grande ville ! Comme vous auriez aimé, n'est-ce pas, pouvoir lui donner l'adresse d'une famille hospitalière qui pût l'accueillir et le recueillir, une fois son travail fini? Cette famille, ce sera l'Union Chrétienne. Cette maison hospitalière toujours ouverte pour lui, ce sera notre bâtiment. Les amis dont son cœur a besoin, il les trouvera parmi nous. Ce seront des jeunes gens comme lui, avec les mêmes goûts, les mêmes aspirations, les mêmes besoins; mais ce seront aussi des jeunes gens fuyant le mal et en préservant les autres. N'aurez-vous pas le cœur et l'esprit tranquilles quand vous saurez que votre fils vient prendre ses repas à l'Union, y trouve une confortable salle de lecture garnie en abondance de journaux et de revues, une bibliothèque variée et choisie dont les livres sont en tout temps à sa disposition?

Dans un salon voisin il pourra se délasser avec un ami des travaux de la journée en faisant une partie de dames et d'échecs. S'il est musicien, une salle de musique avec piano et harmonium s'offrira à lui.

En outre, chaque soir, quelque réunion intéressante le sollicitera. Une fois ce sera une conférence littéraire et scientifique, ou bien une soirée dans laquelle se feront entendre des artistes de talent.

Une autre fois ce sera un cours de langue étrangère ou de comptabilité, ou de sténographie, qui lui permettra d'acquérir une connaissance nouvelle toujours utile.

Une autre fois, enfin, ce sera une réunion religieuse où il trouvera des jeunes gens comme lui, étudiant simplement la Parole de Dieu, cherchant en elle un appui contre le mal et s'exhortant les uns les autres à combattre le bon combat.

Il est inutile d'insister davantage. D'avance nous croyons notre cause gagnée. Nous sommes certains du succès. Il nous semble impossible que cette entreprise faite au nom de Dieu et pour sa gloire ne réussisse pas, et qu'ayant en mains près des 2/3 de la somme nécessaire, le troisième tiers ne se trouve pas rapidement.

Dès à présent nous saluons le jour où sera inauguré l'hôtel de l'Union Chrétienne affirmant, au sein même de la corruption et de l'incrédulité, qu'il y a à Paris des jeunes gens purs qui savent combattre et haïr le mal, et qu'il y a des Français qui croient en Dieu et qui savent faire des sacrifices pour avancer le règne de leur Maître dans leur pays.

4, FAUBOURG MONTMARTRE, 4

Local ouvert de 10 h. du matin à 10 h. 1/2 du soir.
Le Dimanche de 2 h. à 10 h. 1/2 du soir.

Salle de Musique
Piano, Harmonium

COTISATIONS ANNUELLES

Usage de la bibliothèque, salle de lecture et de correspondance, salles de musique et de récréation, conférences, soirées littéraires et musicales, 12 fr. (payables par trimestre.)

Tous les avantages ci-dessus, et, de plus, l'admission à la table d'hôte, à tous les cours et à la gymnastique, l'entrée, **avec un ami**, aux conférences, concerts et soirées, 25 fr. (payables par trimestre.)

RÉUNIONS SPÉCIALES

POUR JEUNES GARÇONS

LE DIMANCHE À 2 HEURES 1/2